Tucholsky
Wagner
Zola
Scott
Fonatne Sydow
Freud
Schlegel

Turgenev
Wallace

Twain
Walther von der Vogelweide
Fouqué
Friedrich II. von Preußen

Weber
Freiligrath
Frey

Fechner
Fichte
Weiße Rose
von Fallersleben
Kant
Ernst
Richthofen
Frommel

Fehrs
Engels
Fielding
Hölderlin

Faber
Flaubert
Eichendorff
Tacitus
Dumas

Feuerbach
Maximilian I. von Habsburg
Fock
Eliasberg
Zweig
Ebner Eschenbach

Ewald
Eliot
Vergil

Goethe
Elisabeth von Österreich
London

Mendelssohn
Balzac
Shakespeare
Dostojewski
Ganghofer

Trackl
Stevenson
Lichtenberg
Rathenau
Doyle
Gjellerup

Mommsen
Tolstoi
Hambruch

Thoma
Lenz
Hanrieder
Droste-Hülshoff

Dach
Verne
von Arnim
Hägele
Hauff
Humboldt

Reuter
Rousseau
Hagen
Hauptmann
Gautier

Karrillon
Garschin
Defoe
Hebbel
Baudelaire

Damaschke
Descartes
Hegel
Kussmaul
Herder

Wolfram von Eschenbach
Dickens
Schopenhauer
Rilke
George

Bronner
Darwin
Melville
Grimm Jerome
Bebel
Proust

Campe
Horváth
Aristoteles

Bismarck
Vigny
Barlach
Voltaire
Federer
Herodot

Gengenbach
Heine

Storm
Casanova
Tersteegen
Gilm
Grillparzer
Georgy

Chamberlain
Lessing
Langbein
Gryphius

Brentano
Lafontaine

Strachwitz
Claudius
Schiller
Kralik
Iffland
Sokrates

Katharina II. von Rußland
Bellamy
Schilling

Gerstäcker
Raabe
Gibbon
Tschechow

Löns
Hesse
Hoffmann
Gogol
Wilde
Gleim
Vulpius

Luther Heym
Hofmannsthal
Morgenstern

Roth
Klee Hölty
Goedicke

Heyse
Klopstock
Kleist

Luxemburg
Puschkin
Homer

Machiavelli
La Roche
Horaz
Mörike
Musil

Kierkegaard
Kraft
Kraus

Navarra Aurel
Musset
Moltke

Nestroy Marie de France
Lamprecht
Kind
Kirchhoff
Hugo

Nietzsche
Nansen
Laotse
Ipsen
Liebknecht

Marx
Lassalle
Gorki
Klett
Ringelnatz

von Ossietzky
May
vom Stein
Lawrence
Leibniz

Petalozzi
Platon
Knigge
Irving

Sachs
Poe
Pückler
Michelangelo
Kock
Kafka

Liebermann
Korolenko

de Sade Praetorius
Mistral
Zetkin

Rothgeter Meister Lamp und sin Dochder

Klaus Groth

Impressum

Autor: Klaus Groth
Umschlagkonzept: toepferschumann, Berlin

Verlag: tredition GmbH, Hamburg
ISBN: 978-3-8424-9006-2
Printed in Germany

Text der Originalausgabe

Klaus Groth

Rothgeter

Rothgeter

Meister Lamp un sin Dochder.

Plattdeutsches Gedicht

von

Klaus Groth.

Hamburg,

Perthes-Besser & Mauke.

1862.

I.
De Warkstęd.

Rothgeter weer Meister Lamp, – Gęlgeter hör he noch lewer,
Nich jüs węgen de Ehr, doch harr dat bęter en Utdruck,
Paß mehr to dat Geschäft, und klung ok sauber un rennlich.
Twars en Nam is en Blam, de makt keen Hæker to'n Kopmann:
»Kleidermacher« opt Schild is binn en Snieder as jümmer:
Awer wat sik gebört dat hört sik, ok bi en Handwark,
Dank vær Gav un Gunst, so heet dat, un »Ehre dem Künstler.«
Un wul is se en Kunst de feine Arbeit in Messing,
Dar hört Nadenken to, en Wętenschop, as man so seggn deit.
Hier man, dat ruge Metall, beseh dat mal! Lett dat sik smölten?
Is dat blank vær den Guß?
                    Nę tag', as Klister un Syrop,
As Lappledder un Lim! Zink fęhlt der! dar fęhlt em de Härte!
Sunsten de Biegung hett't, old is 't, utweddert un smiedig.
Je, wa lang dat ok seet in en Zuckerfabrik as en Tapprohr,
Ja, un je länger dat deent, so smeidiger ward dat man jümmer.
Oppe Aucschons – wer kennt 't? – dar köften mitünner dat
billig,
Köften bi Hækers dat op, as ole Klumpen, as Pipen,
Oft mank Isengeschirr dar findten dat rut un versett dat:
Hier fęhlt Zink und hier Bismuthum, Spialter un Nickel,
Un wat sunsten de Sak – de Kunst de hett ęr Geheemnis.
Jede Wętenschop hett ęr Geheemnis, so ęr Centralpunkt,
Wo sik dat allens an hollt un allens um dreiht as umt Radspol:
So dat Geten bi uns, de *Guß* dar wis't sik de Meister,
Dat is dat Op un dat Dal, dat is so to seggn unse Schruvstick.
Dar is de Kanngeterie en Spęlwark gegen, – in Lehmforms
Tappt se dat Tinn as en Beer, wat æwerlöppt wischt se int
Schotfell.

Wi geet allens in Sand, fein Geetsand is unse Hartblot,
Wat vær den Bäcker dat Mehl, un föhl man: week, as en Puder!
So mutt dat sin! un de Fluß rein gęl und blank as en Dutter,
Dat der keen Ünnerscheed fast, ob't Mischen oder ob't Gold

weer.
So is de Nam inne Dad. *Roth*geter hett je keen Klang nicht!

Nöß kumt Raspel un Fil, dar wis't sik wer der Geschick hett,
Fri ute Hand is de Kunst, un doch as na Zirkel un Tollstock,
Jede Kant na de Snor, un jede Eck innen Winkel.
Blot wat de Ründung hett, dar brukt wi dat Rad un de Dreih-
bank.

Twee harr Lampe in Gang', de een vær sik to dat Feinste,
Keen Gesell keem daran, un de Lehrburß döst se nich rögen.
Darvær is man de Meister, un hett de Sorg un dat Gruweln.
Kumt dar ni dit oder dat, un jümmer wat nies to bedenken?
Denn en niemodschen Griff un Dreier an Stuben- un Husdær,
(As denn je allens sik richt na de Mod un de gothensche Buart,
Möbeln und Töber sogar, un Dær un Finstergerichten),
Denn en oldmodsch Isen to't Plätten, wo wat an tobraken,
Nu is en Hænken entwei, en niekofft Möser is splęten,
Dar en Zirkel is lahm oder 'n Matstock scheef in en Rit-Tüg –
Flickkram, as dat denn is, son Arbeit ute Fabriken –:
Alle kamt se to Lampe: Och Meister, sehn se, dar fęhlt dat!
Meister, hier is 't entwei! un Meister, dar is't to flicken!
Awer ob? un wasück? un wadenni? wer mutt dat bedenken?

So mit dat nie Gewicht! je ja! wat is't en Stück Arbeit!
Loth vær Loth oppen Haar! vun't Quentin herop bet de Pünner
Alle en Hundertstel to, un denn ahn Stippen un Muken,
Eben un blank un poleert, oppen Filstrich fertig to't Stempeln!
Ja beręken! dat löv ik, beręken künnt dat de Herren
Professoren un Docters un seggn: so schall dat nu węsen!
Dat is de Grund vun de Sak: dat Kölnsche Pund is to flödig!
Awer utföhrn son Ding – dar lat se Lamp vær den Knütten!

So weer Lampe sin Snack, un so sin stillen Gedanken.
Snacken much he doch lewer, denn jümmer fleiten un denken,
Wenn man fleit un bedenkt, dat ward mitünner verdreetlich,
Un son Gesell ward stumm bi't ewige Raspeln un Filen.
Mennig mal hett de al hört, wat Meister denkt un belęvt hett,
Mennigmal süllsten vertellt sin egen Lęben und Denken.
So weer't Öl annen Dicht, kumt mal en vernünftigen Minschen,

De he de Saken verklar, de hörn much un se betrachten.
Meister hör dat ok rut – un weer dat lud inne Warkstęd
As in en Wullspinnerie un en Stampmæhl, – blot anne Husdær,
Blot anne Klock as se klung! De harr denn awer den Klang ok!
As en Ducaten – so rein! He harr se sülben mal gaten,
Harr dat Sülwer ni schont, un en Speetschen Daler mit insmöllt.
Klockenspis' kenn he so gut as Piper sin Deeg to dat Losbrot!
Wuß he't doch oppen Loth, wat de Weddingstęder den Ton gift,
Dat dat schallt æwert Land, as klagen se: Schad' um den Lehr-
jung,
Schad' dat he dot is![1] – de Meister belach so'n Wiwergetætel!
Sän doch Fischers sogar, Krautwiwer un Stintenverköpers:
Ünner de See bi Büsum hörn se mitünner de Klocken![2]
So wat hört wer der mag! de Meister hör na sin Husdær.
Angenęhm weer se to hörn un de Fot-Tritt, de der wat Nies
bringt.
Spiel he ni richti de Ohrn, wenn dat schall dært Hus un de Dęl
lank,
Schov de Brill inne Höch un glup herum na de Dærklink?
Jümmer de Fil inne Gang' un de Mund inne Pünt to den Sna-
cken:
»Morgen!« so weer denn dat Wort, gar fründlich, wer der ok in
keem,
As mit de Fil innen Takt, dat Liv deen Meister as Schruvholt,
Sęker weer em de Bost, un de Arbeit blot as en Spęlwark.

Anm. Die *Rothgießer* verarbeiten rothes sprödes Messing. Die Arbeit der *Gelbgießer*, deren Amt ein viel jüngeres ist, besteht darin, »gelbes schmeidiges Messing zu gießen und dasselbe aufs zierlichste vergült, versilbert und gefürnitzet« zu verfertigen. Doch weder Gelbgießer noch *Gürtler* dürfen in Gold oder Silber arbeiten. Alle diese Zunftverhältnisse sind aber in unsern Landen unklar, daher um so mehr die Eifersucht rege über Namensehre und Zunftgerechtigkeit.

---

[1] Ditmarscher Sage
[2] ebenso

II.
En Dær mit en Drücker.

»Ei is en Ei!« ward der seggt, »sä de Prester un lang na dat grötste.«
»Hus is en Hus« seggt de Bur, wenn't man Rum hett, seggt he, un warm is,
Ständers sęker un Dack, un vær Dær en Platz to den Dünger.
Utsicht – wat de bedrippt – ja, seggt he, de hett he anmodig:
Dicht vær't Finster hett he en groten Hümpel von Wischhau,
Warm un drög vær't Gesicht un rennlich ünner den Föten,
Un to Summer, denn plegg de Kæksch dar Hemden to drögen,
Dat is pläseerlich to sehn! So seggt he, un smökt uten Meerschum,
Reckt sik de Arms ute Schullern, un rękelt sik ut in sin Grashof.
De hett de Friheit umsunst, vær Rum brukt de nich to sorgen,
Lankhin streckt sik sin Garn, æwern Tun hin rükt he sin Weidland!

Anners is 't inn Ort, vær den Börger, vær den Gewerker!
De mutt allens betaln, so ward em allens ok leeflich:
Sünn un en Stück blaue Luft! en Eerdklutt, wo he en Kirsch plant!
Lütt bęten Blædergeruch vun en Linnbom oder en Eschen:
Allens is em wat weerth un spart em ok, Törf oder Gaslicht,
Weern't ok man Stęweln un Schoh, wenn de Steenbrügg rein na sin Hus föhrt.
Wahn man mal Een in en Strat so enk un small as de Sacktwiet,
Nawers achter un vær, un Wäsche vun baben un ünnern!
Dat is en anner Kummin! as wenn man, Süden vunt Markt rut,
Tęmlich to Enn vunnen Ort rechts af na Lampe sin Hus bögt!
Gradut wannert de Strat, værbi geit sauber de Fotstig,
Awer torügg inne Schul, wo de Linnbom breet sik herutstreckt,

– Noch is Platz vær de Dær to en Nęlk un en Tulk un en Zitt-
lösch –
Sünd der Finstern so blank un Gęweln so grön un Schösteens
Sünd dar as Meerschumpipen mit Petum, ęben eerst ansmökt,
So anmodig un warm, un een wo Lampe ut rökert.

Nich keen niebu'te Hüs', un keen mit Thorns oder Arkners –
Lampe sin gar weer old; wa Mennigeen harr dat al opnahm
In de lütt Dær ünnern Bom mit den blanken afgrępen Drü-
cker,
De mal recht derin dacht to lęben un to geneten!
Mennigeen! munter to Fot un dat Hart vull Freid oder Hæpen
–
Och un se drogen em rut, un de Dær war achter em to makt,
Un de Drücker, so blank – sin Hand de fat em nich wedder!
Dar harr en Bäcker al wahnt, Brot backt wenn Annerlüd
slepen,
Slapen wenn Annerlüd wakt, Hemdsmauden lopen in Win-
ter,
Arms opkrämpt, barbeent, un sungn – dat schall langs de
Gastwurth!
Denn weern de Leder verstummt, de Bütelkist harr nich mehr
klappert,
Keen warm Stutengeruch keem morgens fröh ute Husdær,
Kold stunn achter de Aben, vull Röben Winters un Wurteln, –
Doch de Linn un de Sünn un de Drücker – se schin' der as
jümmer.

As do de Slösser dat koff, ol Kleen, wer kann dat noch den-
ken?
Das un hęr al en Tid – de Weid' weer do noch en Sandkul,
Nich en Hus noch en Bom, wo nu de Strat mit de Garns löppt,
Abends de Lampen der brennt, un Summers in Schatten der
Lüd sitt.
Wedderum lęv dat do op, in den Backaben puß de ol Blasbell,
Hamers un Ambult de klungn, un dat Hus keek blank ute
Schiben. –
Nawers keem' der do geern, ol Kleen vertell un much sna-
cken,

Heel en ol drulli Kumpan! de Swiegervatter vun Lampe,
Lęs ok de Zeitung wul vær, de flegen Merkurius domals.
Sünndags weer dat sin Amt, vunne Kark glik gung he na't
Posthus,
Un wer nieschirig weer keem Abends un hör se em lęsen.
Jungelüd lepen dar ok vunne Nawerschop, de sik dar dropen,
Seten un klæn mit de Oln, un wesseln en Glup mit de Doch-
der,
Oder Een keem um en Rath, wenn de Koh de Büst inne Been
trock:–
Blot to stilln mit den Stock verstunn ol Kleen as en Cursmid.
Doch gegen't Fewer verschriben dar harr he keen Dülden un
Globen.

Nu weer't Lampe sin Hus. In den Backaben smöllt he sin
Mischen,
Got un raspel un fil un vertell sin olen Geschichten,
Sülbn nu old un vergraut, doch jo nich drang un en Grisgram.
Dat harr he arvt mit dat Hus, dat steek noch in de oln Müern,
Singeltrütjen weern dar noch hęr vun den lustigen Bäcker,
Un vun sin Swiegerpapa son Anstrich, sä he, vær Lüden,
Dat se geern bi em keemn un hörn wa he klæn dę un arbeid.

III.
Nawerschop.

Summer weer kam æwer't Land, un trock in Dæren un Fins-
tern.

Ok in Lampe sin Hus de Dær mit den Drücker stunn apen.

Grön weer buten de Linn, un de Bank darünner weer schat-
tig,

Lank de Dag, un mitünner en Stunn wul æwer to'n Snacken.

Keem de Meister ok oft man blot mal lank langsde Husdęl,

Blot mal ruter to sehn un mal æwern Drüssel to rüken,

Fil inne Hand un en blank Stück Wark wat he kenter un na-
putz,

– Jümmer gift dat so Dingn, de sik fogt na de Hand un so
umlopt,

Ahn vęl Denken un Sehn, man schufft de Brill ute Ogen –

Keem he so, rund as he weer, un tründel mal rut vær de
Husdær:

Süh, so muß dar en Ros' doch gar to sunnerbar rüken,

De em dar blöhn anne Sit, twee Büscher, de een en Provinz-
ros',

Oder sin Buschbom um dat Rundeel, dat lütt, ünnert Finster,

Dumslank, nüdlich bescharn, de harrn de Lünken em blot-
kratzt,

Dar muß he püsseln un don, un dat Warktüg war oppe Bank
leggt.

Huck he denn awer man eerst, so fęhl en Nawer man selten;

Lank sünd ok je de Dag', un en Stunn to'n Snacken sacht
æwer.

»Ei, de Lünken sünd arg!« seggt Meister Nawer de Slachter,

Kumt opkrümpelt herut, breet vær en sneewitten Platen,

Roth dat Gesicht un de Arms, »de Lünken sünd as de Hæfen!

»Utverschamte Geselln! Min Antje föhrt Krieg mit de Deut-
schers!

Fröhjahrs luckt se ęr Arfen un scheet bi de Arbeit koppheis-
ter,

Dat't en Pläseer is to sehn, wenn't Frunsvolk blot sik ni arger,

15

Summers plückt se ęr Kirschen, un fręt mit ęr Höhner inn
Winter.
Nę, se kumt ni herut, so rasselt son Bann inne Dornheck,
Wendt ni den Rügg um to gahn, so kratzt al en Dutz in ęrn
Weten.
Antjemöm, segg ik, lütt Fru, lat se kratzen, und plant du
Kantüffeln,
Sęker is sęker, Kantüffeln mit Solt de lat sik wul ęten
Mit en Stück Büffelemod! de grönen Arfen sünd Luxus!«
Darmit seet he al fast und krüz de Arms æwern Platen.
»Is din Dochder ni mit? min Frunslüd sünd na dat Warkhus,
Das je en groten Halloh mit dat Inwihn hüt un de Ręden!
Blöm un Grön hebbt se dragen al sit fröhmorgens bi Körf
vull,
Maien un Eken un Böken – dat gift to kiken un snacken!
Middag lohnt dat wul kum, as kole Kæk un en Kaffe.«
Seggt he un lüfft sik den Kopp. »Mi weer't to warm inne
Angströhr,
Rock un Kamsol. Dat Hus heff ik sehn, dat is je wat Staat-
sches!
Optreppt vær anne Front, de Fotborrns bonert, un Treppen
Allens gewichst, dats wahr!«
                                    »Ja wul, seggt Lampe, dat fęhlt
nich,
Ansehn hett't vær den Ort, un doch – ik mag dat ni liden!
So en Gebüd as en Sloß, mit Treppen as haut uten Marmor
Jüs to't Gerassel herop vun holten Tüffeln un Krückstöck –
Dat paßt gar nich tosam! seggt Meister as war he verdreet-
lich.
Nę, min Anna is ut, se much ni, se is na uns Wisch dal,
Wi hebbt Meihers hinut, dat Gras versort oppen Stempel
Bi dis Drögde un Warms, se süht mal'n bęten nan Rechten.
Nę, ęr drückt dat de Seel! Se harr je noch jümmer dat Arf-
stück
An den oln Bäckergeselln, den dowen, noch vun den Bäcker
Al vær min Swiegerpapa, de hier inn Aben noch backt hett,
Den versorg se so wat – du kennst em je, unsen oln Detelf.
De muß nu ok in dat Hus, un jammer hier rum ton Erbar-

men,
Dat is ęr bitter int Blot!« Un Meister den weer't ok wul bitter.
Den dat awer ni rak, dat weer uns Nawer de Slachter,
Arger de fat nich op em, as Water nich fat op sin Köter.
Stręwi seet he darhęr un snurr un trumpeet mit de Lippen,
As sin Gewohnheit weer, un keek sik hægli int Wedder.
»Süh in's! röppt he denn lud! süh an! kumt dar ni de Umtog?
Fahnen wahrrafti værop! so recht! un merrn innen Fahrweg!
Rechtschaffen Stuff hört darto, as Ręgen hört to en Jahr-
markt!
Hundn un Junges bi an, ol hinken Wiwer as Natrapp!«
So wat weer sin Vermak, denn keem he flink op sin Been-
wark,
So, bequem inne Neegd, vun baben kiken un ręden!
»Süh doch, wat der ni lęvt!« un betrach den Tog mit Beha-
gen.
»Schösteenfęger,« so seggt he und wis't, »is jümmer doch
nobel,
Dat mutt kam vun den Rok, dat kriggt en Smack as de
Schinken,
Abgewaschen un börrst – en Leckerbittjen vær Damen!
Is ok jümmer darbi, oppen Ball mit Vagt un mit Schriwer,
Hier mit de Möllers tosam to Strat – as unsaubre Bröder!

Dar is min Burß ganz anners! de hollt sik eensam in Schatten,
Süh! betrach di em mal! de steit mit de Mull as en Sünn-
schirm
Un æwersüht dat vun Feerns – en Philosoph is de Bursche!«

Lampe de smuster vær sik. Doch ging't ni ahn en lütt Arger:
»He mit sin Schullern,« so seggt he, »de Goldsmid kunn je
nich fęhlen!
Näs un Meerschum værut, un kikt as söch he sin Kalwer!
Wa Een dat argert, son Volk! Versteit keen Drüttel to smöl-
ten,
Awer dat löppt oppe Strat, dat rędt oppen Eggn un int
Weerthshus
As en old Klockengehüs', wo de Parpentikel in uthakt.
Dat is mi recht vun de Art! Besüht de Kinner ut't Armhus!

So is't as he dat mag! de Schol is ok je verleggt warn,
All vær sik in dat Hus, un en Lehrer mit in de Armoth!
Rikdom lehrt nu wat anners un kriggt sin egen Katkismus!«
Darmit sett he sik hin, as de Tog den Fotstig værbitrock.

Kinner weern dat en Tropp, rein wuschen, in rennlige Kle-
der,
All æwereenssen in grau, de Junges mit nüdlige Mützen,
Mädens mit opflechte Haar, ganz lüttje de wackeln un dra-
ben.

Alle vergnögt un behögt, as gung de Weg na en Danzhus,
Trocken se rund um den Ort, langs alle Straten un Stigen,
Ok an Lampe værbi na de Weid un dal langs de Gastwurth.

Nawer uns Meister de Slachter de hæg sik: »Süh na de
Gæren!

Wa de Deutschers marscheert! In de Jungs stickt glik en Sol-
daten,

Wenn der en Dutzend tosam, un gar in en Stück vun Monde-
erung!

Dat is recht min Vermak! ich mag wul, wenn se Courage
hebbt!«

Segg he un keek achterna, as mählig de Tog umme Eck bög.

Lampe awer vergeet gar licht dat Wrækeln un Mäkeln,
Hægli seet he dar hęr, as gev't en Fierdag extra,
As dat wul gift innen Ort, ok wenn nix Sunnerligs los is.
Nawers lopt der herut, dar löppt de een to den annern,
Een den Hamer in Hand, de anner en anner Stück Reitschop,
Schotfell vær oder Schörrt, de Gedanken noch half inne Ar-
beit,
All oppen Sprunk bi 'n Snack, un hilt bi 't Wort, dat der um-
löppt.
Denn son Wort inne Flucht is söter as menni en Predigt,
Swar is 't wedder to gan, un endlich blifft man tohopen:
So ward't Fierdag mit, een extra ahn de Kalenner.

IV.
Besök.

Geestburn rükt dat herut, wenn 't en Lęben inn Ort un to
sehn gift,
Keen Spektakel un Larm – sünd 't Berieders oder de Snie-
ders:
Optæg treckt se mit op, un Umtæg treckt se mit rummer,
Seggn un don do't se nix, un stat mit ęr Alldagsgesichter,
Sünndagsmützen derop, un kikt, as weer't en Geduldsprov.
Anners – wa kamt se denn hęr ut Offenbüttel un Lehrstall,
Vun Süderhastęd hendal, vun Linnern oder Palhude?
Milen sünd dat to fahrn – un Geestburn sünd der doch
jümmer.

Ünner de schattige Linn – de Namdag glöh oppe Steen-
brügg,
Langs de Straten un Stig – heel en Wagen bi Rothgeter Lam-
pe,
Kürwagen, achter mit Korf, merrnin de Sitzen mit Küssens,
Wete, mit Feddern utstoppt; inne Boos verpusten de Brun
sik,
Twee so glatt se man weidt op en Wisch twischen Eider un
Elfstrom,
Bleßte, tamm as de Schap, un lat sik locken as Schothunn,
Klok un krütsch as de Muppsen! – Dar! prust se nich gegen
uns Water?
Pumpenwater is hart, se drinkt to Hus uten Quellborn!
Kærsch is de Bur un sin Veh, de föhrt en Lęben as Prinzen!
Awer'n Geschirr vær son Pęr – en Schann noch weert vær en
Störrtkar!
Nich en Stangtom mal ut Metall! Keen Ring anne Schu-
klapp!
Halters ut gris linn Gurrt, keen mischen Knop annet
Sęltüg! . . .

Meister de püssel dar rum, un gev de Brunen to drinken,
Hung dat Geschirr anne Wand un snack mit sik un de Bei-

den
As he so stunn un betrach, un harr sin Hart in Gedanken,
Bald en Tom inne Hand un bald wat anners in Ogen,
Oder en Wort oppe Tung, as hör he ręden un Antwort.
»As de Prinzen, jawul!« so snack he sacht mit de Bleßten,
Klopp se æwer de Schuft un strak se æwer den Bogen,
De sik strecken vær Węl. –
                  Sin Vetter hörn se ut Bunsoh,
De weer ok innen Ort, un nu to Mark mit sin Süster,
De em sin Husstand föhr – en grote Fründ vun sin Anna,
De se mitünner mal haln un geern op wękenlang mitnehm',
Summerdag, wenn dat ins paß, – nu weer't je frilich ni
mæglich,
Sit ęr Moder to Grav – de gude – och! nu wa lang al! –
So stunn Meister un dach, beseeg de Pęr un dat Sęltüg,
Seeg sik um inne Boos un æwer de Dær innen Sünnschin.
Stunn un seeg inne Luft, as gingn den Weg sin Gedanken.

– – –

Awer bi an, inne Stuv, de dar kramn deit – is dat uns Anna?
Strohhot noch inne Hand, kum hett se den Fot inne Dær sett:
Doch gat de Ogen un sökt al rum ünnerwęgens na Ord-
nung,
Un keen Gang dær de Dörns. so wischt un stellt de lütt Fin-
gern
Hier en Stohl anne Sit un hier en Stuff vun den Kuffer,
Treckt an de bunten Gardin umt Bett de Folen un Krüsen,
Un as en Spor wo se geit, is't achter ęr sauber un ęben.
Kamer geit apen un Kuffer, de Tassen kamt op den Klapp-
disch,
Dischdök bredt sik darünner – echt egenrędte ut Damast –
Moder hett se noch spunn ęrn letzten Winter, de gude! –
Allens rückt anne Stell, as keem se blot in um to winken,
De doch kumt uten Feld, in Il, ut Arbeit un Hitten.
Vader harr rut na ęr schickt, de Gesell muß hinut un ęr Bott
bringn,
Burß un allens weer mit, nich Kæl noch Rok oppen

Fürheerd!

Glücklich drippt se dat noch, dat de Fremden noch ut un to
Mark sünd,
Nu is doch wenigstens Tid den Kaffe to kaken un klären,
Rohm uten Keller to haln, frisch Brot und egenbackt Stuten!
–
Wa sik dat köhlig dar wahrt! de Melk is sunst nich to bargen
Bi son mulstrige Luft, – de dreiht sik al bet de Middag!
Keller! dat geit der doch mit! ok noch so lütt un so schumm-
rig!
Dat is en Schatz vær en Hus! – Un en Ehrgiz is he vær Anna!
Rein de Luft is al schön! – de köhlt ẹr Athen un Bossen,
Frisch de Geruch un de Duch! – Se kikt in Pütten un Setten,
Rükt de Botterkruk na, un prövt de Stabben vun güstern,
Fingern spitz un de Mund, un tippt anne kirschroden Lip-
pen.
Lang doch hett se nich Tid, se snitt den Schinken in Schiben,
Snitt in Dalers de Wurst un bredt se sauber op Tellern.
Denn, mit de Schütteln in Hand, den witten Arm um en
Grofbrot,
Noch inne Fingern en Guß, lichtfarrig stiggt se de Trepp
rop,
Füllt den behäbigen Disch un seggt: sieh so! nu is't redi!

V.
Lütt Twischenspill.

Dat harr Nawer wul markt? He keem un glup dær de Ruten.
»Wetter!« seggt he un keek, »lütt Anna, dar mutt ik wul hölpen!«
Anna weer sin Vertog, he harr keen Kinner, un klucker
Al inne Weeg mit ẹr rum, un noch, as weer se sin egen.
Morgens, bi Tiden to Gang', plegg he, blotkopp un hemdsmauen,
Meistens al rummer to singn – sin Frunslüd slepen as Dachsen,
Nich to vermünnern, vertell he, un wenn ok de Sünn se int Nest
schin.
Anna weer lichter vun Blot, de harr en Natur as en Vagel,
Weer mit de Höhner vunt Reck. – So keek he denn blid in ẹr
Finster,
He un de Sünn um de Wett: ob de Kaffe al damp un de Rullbröd.
Denn en Köppen værut, un en Mundvull to en Gunmorgen
Fründlich, as Anna dat gev, sin Annaken, as he denn seggn dẹ,
Dẹ em den ganzen Dag gut!
　　　　So glup he nu ok dær de Schiben.
Anna nödig em in. Un as se herut vær de Dær leep,
Keem ok Vetter vunt Markt, un Vatter keek ute Bosdær.
Frunslüd hebbt je to snacken! De Süster keem mit en Schörrt
vull,
Inkofft harr se ant Markt, se wis al Anna int Gröten,
Snack vun Pris un de Waar, un wat se nu dochen vergẹten!
Mundgau weer se so wat, oldbeltig un lütt bẹten hinken.
Gahn war ẹr sur oppe Steen. Se pust un huck anne Bank dal,
Wo ok uns Nawer al seet un rẹ mit de Bur vun den Vehstand.
Awer Anna de krag': Nu kamt, un lat jüm dat smecken!
Kaffe is klar oppen Disch! Herr Nachbar, kamt Se mit rinner.

VI.
En Andrag.

Dar nu seten de Dree – as de Frunslüd schenken un nippen –
Breet un fast annen Disch, un klæn'n un leten't sik smecken.

Nawer de smus' as en Kenner, de wähl dat Brod na de Rinn
ut,
Snee den Kees' ute Merrt, un lę den Rohm oppen Kaffe,
Pröv blot Anna ęr Wurst un læv ęrBotter un Schinken.

Ehrbar eet während des de Bur ęr Vetter ut Bunsoh.

Ruhig is je de Art, doch seeg he klok uten Ogen,
Fast un sęker, en Mann, – nicht jüs opt Theater to wisen,
Oder in Rahm ünner Glas – oppen Hof awer ganz op sin
Placken.

Wo de sin Ogen hin gat, dar seht se un lat sik ni dregen.

Saaten kennt de un Korn, mit Grund un Boden derünner,
Wischen kennt he und Dreesch, un't Vehwark æwer de Gra-
sung.

Weet sin Brunen dat nich, de he leidt, un weer't an en
Tweernsdrath?

Weet dat nich Knechen un Jung? Wenn he wit inne Feern
æwer't Feld kumt,
Kikt se beid langs de Plog, ob de Fohr ok liggt na en Linholt.

Brok un Hölter un Busch de ligt em mit op sin Węgen,
Is't doch en Sünndagspläseer to sehn ob de Böken al grön'
do't,

Un wenn de Nachdigal singt, twars deit he daræwer keen
Feilschuß,

Wenn he jüs Reinke betrappt, de de Küken em stęhlt uten
Grashof,

Awer he weet, wo se bu't, un hollt de Hæf vun ęr Nesten.

Æwrigens is he wat hart, sin Hann sünd grof, as en Rivholt,
Arbeidn is sin Bedriv,»sik sur don« seggt he mit Nadruck.

Arbeidn mutt em sin Knecht, sin Magd, un allens wat sin is,
Sur don mutt sik de Minsch, un schon' deit he höchstens sin
Brunen.

Vader sęlig un Moder, wa hebbt de wirkt in ęrn Lęben!

Vader in Schün un opt Feld, un Moder in Kæk un in Keller!
»Flitig un ehrlich!« weer ęr Gebot un de ganze Verheißung.
Darmit keemn se ut't Bett, un darmit len se sik slapen,
Darmit recken se ut ęr Lęben lang: ehrlich un flitig!
Darmit lęn se sik hin getrost to den ewigen Slummer.
Wat man sunsten so lehrt inne Schol bi dat Ręken un Schriben,
Bi'n Katekismus un so – dat ward doch allens vergęten.
Nödig is dat je twars, un gut wat to lehrn un to węten,
Ok mutt en Christenminschen to Kark un holn an sin Globen:
Æwrigens Jeden sin Plicht de seggt sin Gewęten em sülben.

Ehrbar seet un de Bur bi sin Vetter to ęten un drinken,
Sprok darbi sik ni vęl, un blot sin Ogen de wannern,
Segen sik noch enmal um inne Stuv, wo he allens doch kenn dę,
Segen, wa sauber dat weer un ordentlich bet inne Ecken.
Un denn keemn se wul rum, un segen op Anna ęr Fingern,
Anna ęr rundligen Arms un op ęr Hals un ęr Bossen,
Wannern denn æwer ęr Kopp mit de Flechten dick uten Nacken,
Un denn na't Finster herut – denn Anna sprok mit sin Süster,
Hilt, as Mädens dat hebbt – oder harrn se vellicht wat Besunners?
Anna ęr Backen de glöhn, un iwrig sprok Peter sin Süster.
Ja as de Hunger man stillt, un de Mannslüd leten sik kragen,
Winken de Beiden sik to, un wannern herut na de Hofstęd,
Arm in Arm langs den Garn und harrn dat heemlich un wichtig.

Ok de Männer in Stuv, as Ęten un Drinken værbi weer,
Læhn'n sik torügg inne Stöhl un keem allmählig int Snacken.
–
Dat is doch nett innen Ort, seggt Peter de Vetter ut Bunsoh,
Mi is't jümmer'n Pläseer so rin to kam langs den Lannwęg,
Ræwer to fahrn æwern Markt un mal herummer to slendern.
Driftiger is hier dat Lęben un munterer all dat Bedriben.

Ja, seggt Nawer de Slachter, opmunterli is't innen Flecken!

Jeden Morgen frisch Brot, un frischen Braden des Sünndags,
Winters hebbt wi de Swin, un Fröhjahrstiden de Kalwer! . . .
Allens natürlich umsunst, lacht de Bur, un verschenkt dat ok
wedder!
Nę, gewis ni! Umsunst is de bittre Dod, seggt de Slachter,
Lütten Verdeenst un Rulanz hollt Handel un Wandel leben-
nig!
Doch, verdeen', seggt de Bur, un kopen kann sik en Jeden,
Dat is de Sak de ik meen, dat Fortkam' ward jüm hier lichter.
Na, nu man to! seggt Nawer, nu snackt gar de Buren vunt
Fortkam'!
Opkrigen mussen jüm seggn, dat ward jüm sur in dis Tiden!
Dar 's nich de Ręd vun uns Burn, weer do de Bunsoher sin
Antwort,
Wer wat hett in dis Tid, kann węn, de mag sik wul bargen,
Ob he sin Lasten ok hett un am besten weet, wo em de Schoh
drückt:
Awer Annerlüd ok wüllt lęben, un bęter as fröher.
Kum wo en Krüzweg föhrt, un weer't ok merrn inne Heiloh,
Sett sik en Krogweerth dal, un bu't en Kath mit en Infahrt,
Hollt sik en Buttel mit Rum, tein Glæs un en Anker mit
Brannwin,
Un denn steit he vær Dær und gröt Een, wenn man heran-
fahrt:
»Nachbar! ęr Fahl weer int Borrnsch! un harr sik fast innen
Lehm pett,
Tofälli war ik dat wis un heff em vun morgens heruthött!«
Mutten nich danken un holn un probeern en Glas ut den
Buttel? –
Bessenbinner sin Hus, versteit sik, is in de Neegde,
Riisbessen bindt he ut Wicheln, de snitt he Nachts ut min
Knicken
Un verkofft se mi Dags, un deit mi ok en Gefallen.
Denn bu't en Püttjer sik an, en Węwer söcht dar wat Egens,
Bald kumt en Hæker darto – un Nawer kofft den Taback dar,
Nu noch en Kræpel en Snieder, de Sünndags to Danz oppe

Fleit spęlt,
Un en Zigeunerbagag' mit en Orgel – un klar is de Sipp-
schaft!
Wovun lęvt se toletzt? ut Gefalln, vun de Nachbarn, de Bu-
ern –
Opkrigen mæt de je seggn, dat ward se sur in dis Tiden!

Nę, dar fęhlt uns de Drift, de Lüd de sünd nich betriebsam,
Hungert un lungert to vęl un lurt man jümmer opt krigen,
Allns schall gahn mit de Licht. Dat sammelt sik welke Kan-
tüffeln,
Vader de fangt en paar Aal un steit den Dag anne Au rum,
Fru mast Summers en Swin vun de Bur sin Kaff un sin Affall,
Annereen gras't sik en Zieg an de Bur sin Wall un sin Wegen,
Meent noch wat rechtes to don un snackt vun hegen un spa-
ren –
Alle so lickt se an uns, un alle læhnt se an uns sik,
Alle slau un politsch, un richtig klok doch so selten!

Vetter, seggt Meister darop, du strikst din Lüd mitten Theer-
quast.
Dit Colonistengeslecht dat hebbt wi eerst recht innen Fle-
cken.
Gah mal de Straten herut, un wenn der ok sæben inn Ort
sünd,
Jümmer dat Enn is en Mæhl un de Windsäck wahnt dar
herummer!
Scheerenslipers ęr Plog, Opköpers vun Plünn un vun Kna-
ken,
Vun ol Koppergeschirr, as ik oftmals bruk un ęr afnęhm,
Wenn't nich Hęhlers un Dev – de Sębenbinners de hus't dar,
Mus- un Röttenfallmakers un Hak- un Öschfabrikanten,
De se bögt oppe Strat int Gahn, un sökt wat sik finn lett.
Dat is de Slach innen Ort! Oppen Dörpen dar sünd se so arg
nicht,
Dar is de Luft to gesund, de Guden weegt dar doch æwer,
Knecht un Diern vunnen Lann de sünd noch jümmer de
echten.

Awer se ward nix bi uns as Knechen un Dierns, seggt de

Vetter,
Alle Gelęgenheit fęhlt, se sünd Maschin' und se blivt dat,
Hier, en Mann de der will, de kriggt den Kopp uten Busch
rut.
Weer't ni de Bäcker ann Pohl? Du hest em je sülben mit höl-
pen –
De nun wahnt as en Prinz, un leep as en Jung hier to bęteln?
Nawers lehn em en Platz op en Jahr, wo en Aben he opsett,
Teglers borgen em Steen, en Möller dę Męhl oppen Vær-
schuß:
Darmit bäcker he los, un mak sin Brot, dat't en Lust weer.
Nu is allens sin egen un he en Mann de der wull hett.
Dat makt de Drift inne Stadt, oppen Lann is so wat ni mægli.
Gar nu, de der *nich* wüllt, wer kann de dwingn oder driben?
Winters ligt de herum en Christenminschen ton Jammern,
Værjahrs waßt ęr de Moth en Flitigen redi ton Arger.
Weern wi Burn uns man enig, en Warkhus harrn wi ok nö-
dig.
Ik hefft vun morgen besehn, oppen Art kunn wi dat ok ma-
ken.
Wer nich will un nich mag – hier kann man de Slechten doch
meistern!
Hier is doch Ordnung to holn, und de Jugend verdarft der ni
gänzlich!

Bliv mi weg mit dat Hus, seggt Lampe, dat is mi en Arger!
So wat kennt Ji man nich, dat schafft min Dagen nix Gudes!
Ob dat grot oder lütt, en ruges Hus oder en glattes –
All wat dar rin kam' deit oder rut kumt, dat is verdorben.
Ordnung makt man dar licht in Wör, in Stunn un de Arbeit,
Awer dat Hart un Gemöth dat geit to Schann un in Scharten,
As op en Miststell wasst dar nix as Netteln un Kliben
Wat du ok plantst un sei'st, un de Kinner verdarft inne Wur-
tel.

Æwrigens læv ik den Ort, un mutt em læben un leef hebbn,
Seggt he un wisch sik den Kopp, as wisch he Arger un Sweet
af,
Mennigeen gift he sin Brot, un mennigeen gift he sin Freiden.

Weer ik nich hẹr versla'n, wull weet wadenni mi 't gan weer?
Blotarm keem ik hier an, nix um un nix inne Taschen,
Nix oppen Liv as min Hemd, un nix innen Kopp as min
Ogen,
Blot en vergnöglich Hart un gesunne Arms, un den *Willen*.
Warrn wull ik wat, dat weer't, un dat weer all min Gewisses.
Wi keem'n ẹben torügg ut Frankrik, dar weer ik mit wẹn,
Harr dar min Saken belẹvt un makt un dan as de Annern.
Dat gung mennigmal hart, vun een Ort jümmer na'n neegs-
ten,
Hunger un Kummer bi an, un Gefahr vær Lẹben un Knaken.
Mennigeen full der bi rum, de Kugeln weern nich dat Args-
te,
Starben weer nich dat Slimmst. Wa wünsch ik oft, dat ik dot
weer!
Awer int Abendquarteer, denn wusch un snee ik min Lik-
dorn,
Dat ik man lopen kunn, un dat sure Lẹben man opheel.
Værwarts muß wer der kunn, un wi keemn un denn lepen
de Annern,
Denn wi keemn as de Fiend, doch ẹbn son arm Lüd as de
lepen.
Nöß, warum, wuß Keeneen. Doch lehr man starben un
lẹben.
Dat is de Krieg. – Mit enmal do seten wi hungrig in Frẹden.
Awer ik dach: Par bleu! Twee Hann, keen Fiend noch Kom-
mando –
Dat muß wunnerli kam, wenn't nu keen sẹker Quarteer gev!
Also ik frisch oppen Wẹg un arbei, wo ik wat finn dẹ,
Arbei bi dissen un jen', bi Kramer herum un bi Hæker.
Abends leep man denn wat, un keem in allerlei Hüser,
Junk un frisch asen weer, un vertell vun Kriegen un Fahrten.
So ok leep ik der oft bi en blinnen Mann uten Elsaß,
Josep sän wi to em, blinn Josep oder de Gürtler.
Weer en absunnerli Mann, de geern mit junge Lüd umging,
Weer so wat vun en Docter un harr wat Fremds inne Utrẹd –
De hör geern vun den Krieg un all min Fahrten un Snacken.
Mennimal war he denn lud un röhm den Held Bonaparte,

Oder he war ok mal week un sprok vun to Hus un den El-
saß,
Gut un fram as he weer. Ik muß em öfter wat lęsen
Ut en Bok mit Gesängn un de Psalm un de Sprüch uten
Sirach.
As de so na un na hör vun min Arbeidn un min Gedanken,
Seggt he mal: Lampe, wat meenst? du hest Geschick to den
Handel!
Ja awer handeln! wat denn? Doch wuß he dar ok en Rath to.
Nu beschrev he mi dat, Tinnknöp to geten, as sülwern,
Un as dat endli gelung, ok Spangn un tombacken Broschen.
Denn dat kenn he genau un harr noch Forms un Gereith-
schop. –
Dat weer min lütten »Fangan!« Ik bunn min Knöp in en
Snuppdok,
Spangn un Broschen darto un wanner to Lann, »oppen Han-
del.«
Nu, dat gung ni so gau, un gung nich allens pläseerlich,
Awer dat gung; ik verkoff un kreeg wat Geld un Bekannt-
schaft,
Noch mehr Moth un Courage. Ik sett min Knöpen bi Dut-
zend
Reegwis oppen Papier, min Spangn un Broschen in Schach-
teln,
Stell mi to Markt Sünnabnds en Disch un en Stockschirm
deræwer,
Eerst bi de Karkhofsmur – un leet der lachen de Lust harr,
Wenn 't ok de Goldsmid weer, de mi frag na Löth un Kara-
ten:
Krat du man los! dach ik, de Krætigen sünd nich de Taags-
ten!
Aller Anfang is sur! En Narr, de sik schu't vær de Afgunst!
Nam is nix as en Blam, lat em Lothgeter seggn oder Gęlsmid
–
Ehrlich is de Bedriv! »Kamt Lüd, so sä ik, un kopt man!« –
Kopen dęn se. Un bald, so harr ik en Bod mank de annern,
Dicht bi den Goldsmid bito. – Genog, en Rothgeter war ik,
– As je de Meisten mi nömt, Gęlgeter is doch dat Wort sunst

Lehr dat zünftig mal na in Friedrichstadt na de Gebrüken.
Ja, de lütt Ort is sacht gut, un de Weg weer nich æwel to
wandeln!
Darvær dank ik den Herrn! – Un he rich de Ogen na baben. –
Gev dat ok Disteln un Dorn: dat gev ok Rosen un Früchten.
Mähli dat wassen to sehn, un bęten bi bęten to planten,
Jümmer wat drister dat Hart, nu jümmer dat Köppelsch wat
friher:
Dat's en Pläseer op den Weg, dat ward nich Jedereen baden!
Endlich en Hus wat Een hört, un en Fru so gut se man söcht
ward –
Ja ik dank dat den Herr!
Un doch, ik mag ni recht wider!
Twars de Arbeit is gut un hollt Een frisch un bewęglich,
Un as de Warkeldag geit, so geit' en so dägli ok værwarts,
Awer so recht mit de Lust, dat'en morgens man lurt oppe
Dämmern,
Fröhlich röppt mit den Hahn un dat Hart een lenngt na de
Arbeit,
Wo man nachtens vun drömt– so will't nich mehr in dat
Öller.
Ja weer min Fru mi man blębn oder harr ik en Sæhn inne
Warkstęd!
Süh! de *Welt* is in Drift, un mit to kam ward jümmer surer!
Dar hört Kräften darto de junk sünd, Hæpen un Ehrgeiz,
Un de feilt mi nagrad. Mi argert de lumpen Fabriken
Un de Gesellen darto, Fabrikgut, ęben so lumpig!
Weerth un Würdi geit to Grunn, un Kunst un Ehr in dat
Handwark,
Luter Lothgeterie nagrad un Kanngeters Sippschaft!

Wenn ik noch denk an de Tid – un Meister war wedder ge-
düllig –
As ik en Plogjung weer, de Pęr hal, fröh, ute Wischen –
Jüs son Paar Brune as din – ik dach daran as ik se borrn dę –
Wa denn de Felder dar legn, de Köhbeest grasen un bölken,
Wa dat damp ute Saat un rük ut't Holt un de Knicken –:

Jümmer denk ik mi denn, ik much min Hüschen verkopen,
Wischen, un wat ik hier heff, un min Olendeel ruhig geneten
Eenerwęgns still oppe Geest, ant Holt, bi Schruben un
Hastęd,
Wat man ut Finster hier süht, un wo ik öfter so hinkik.
»Denn kamt mit na Bunsoh!« seggt do de Vetter mit Nad-
ruck,
Richt sik op vunnen Disch, un reckt den Meister de Hand
hin,
Dat sik Nawer verfehr, de Slachter, un ok inne Been keem
Mit en verwunnert Gesicht, as de Koh kikt op en Gewitter.
»Kumm! un din Anna bring mit! un treckt bi mi in min Hü-
sen!
Gut schüllt jü't hebbn oppe Welt as't en ehrligen Minschen
kann maken!«

De sik nu awer verwunner, weer Lampe; as slog der en Blitz
in,
Jüs mank de Tassen hendal – un he flog to höch as bedun-
nert.
Seggn kunnt harr he wul nix, dat stunn in sin Ogen to lęsen,
Awer dat weer ok ni nödig, denn Anna keem mit de Süster
Jüs herinner in Dær. Mit en Blick verstunn se wat los weer,
Hochroth glöhn ęr de Backen, de Ogen lepen ęr æwer,
Stromwis lepen ęr Thran, un se stunn as muß se sik anholn.

»Anna, du geist wul nich mit!« seggt do de Vetter, as wuß
he,
All wat he wünsch weer entwei, so düster klung wat he
seggn dę.

Antwort gev em sin Süster:»Se deit't ni Peter, se kann ni!
All wat ik bę: węs tofręden!« un fat em un strak em de Ba-
cken.

Awer dat klung eerst trurig, as Anna sä, ruhig un lisen:
»Peter, wa gut ik di bün, dat denkst du nu nich. Awer sunс-
ten
Kann ik nix seggen un don as min guden Vatter sin Willen:
Seggt he, ik schall, denn is't gut, doch lewer lat mi hier bli-

33

ben!« –

As dar en Wagen wegfohr ünnern Bom bi Lampe sin
Husdær –
Kürwagen, achter mit Korf, twee Brune dervær as twee
Hingsten,
– Schattig weer dat al warn, un Schummern leeg oppe Gast-
wurth –
Wunnerlich still war dat do! Dat klung noch t'rügg dær de
Schummern,
Denn, as weer dat verweiht, un Nacht de deck sik deræwer.
Nawer sä: Anna Gunnacht! Gunnacht Nawer Lampe! So
gung he. –
Un achter Vader un Dochder dar slot sik de Dær mit den
Drücker. –

VII.
Jan Baas.

Geit man den Fotstig dal vun Lampe ut achter de Gastwurth,
Links vun de Hüser int Feld, so drippt man en Koppel int
Gröne,
Vær en Port, un to Enn int Gröne geit dar en Windmæhl.
Schibenwall heet se den Platz, un de Mæhl de Schibewalls-
windmæhl.
Schaten ward dar ni mehr, de Mæhl is bu't in en Grashof
Baben en Hus un en Schün, mit Spikers vær Öl un vær
Rappsaat,
De sik dar lank hin streckt, op hollandsch Art mit en Pann-
dack,
Allens in Fręden un Ruh, as weer der keen To- un keen Af-
gang.
Blot de Roden de swunkt, as swunken se rum in dat Gröne,
Un wenn de Wind na den Ort, so hört man de Släg' un de
Stampers.
Merrn bi düstere Nacht, inn Harst, wenn de Storm inne Böm
sus't,
Hört man se bi sik int Bett, as klopp un hamer dat ünner,
Bald in Il un mit Macht, un bald as weih dat de Wind weg,
Dat man lurt op den Ton, as lur man, wa Een dat Hart klopp.
Eensam schallt dat der hęr, un eensam schint dar en Licht rut,
Jümmer verdeckt vun de Roden, un jümmer as kunn dat ni
utgahn. –

Dar geit en Sag' vun den Ort, en Schäper hett se mal utseggt:
Wenn dat ins keem inne Tid, dat en isen Weg hier hentlank-
föhr,
Denn war Krieg æwert Land un de ganze Schibenwall blödig.

Nachtens kunn man dat löben, doch Dags – wa fründli dat
toliggt:
Un de dar hus't inne Nacht sünd brave un fründlige Seelen –
Holländer meistens. De Mæhl is en hollandsch achtkante
Buart,

Dat is en Mæhl mit en Kapp, en Wikemoole mit Zwickstell.
Warkmeister is Jan Baas, vun Harlem, – dat tügt em de Tul-
ken,
De he in Mistbetten treckt, un stumm betracht un bewunnert.
Winters wahrt he se op, un Værjahrs plant he se ruter –
Snacken is nich sin Sak. – Sin Herr de hett em mal mitbrocht,
De der en Handel mit Rapps un Lin na Holland hendal harr,
Un dat nu sülsten versöch, Öl slog, verschep un verhandel.
Baas de bu' em de Mæhl oder seeg doch, wa se em bu't war
Echt na hollandsche Mod', un Baas de föhr em dat Wark nu,
Lev oppen Schibenwall still un smök ut en Harlemer Kalkpip
Hollandschen G»te koop tot Amsterdam bi Nienaber,«
Eet geern Eidamer Kees un drunk mal 'n Scheidamer Draapje,
Na – un dar weer de Punkt – denn keem he mitünner int Sna-
cken.
Holland – dat weer de Welt! dar rak de Eer annen Himmel,
Reck de Himmel na Eer, de See bet achter de Hüser,
Hüser de legen as Schep, un Schep de gingn um den Erdball,
Un wat en Herrlichkeit weer, dat brochten se mit to verkopen,
Dat weer in Holland to hebbn tot Amsterdam un in Harlem.
Lusthüs' kunn man dar sehn as en blank lackeertige Theedos',
All mit chineeschen Behör, mit Dinger un Pütten un Mu-
scheln,
Garns, mit Vageln un Böm babn æwertrocken mit Wirdrath,
Gras, bescharn mit en Scheer un Büsch, beputzt as Schabül-
ken,
Stigen dartwischen mit Steen, lik grot, utsicht as de Arfen,
Darbi en Properite! vun den Fotborrn kunn man dar eten!

Dat vertell he denn geern, un vertell wul mit en Art
Wehmoth,
Wa he dat Klockenspill hör tot Amsterdam, un dat Beiern,
Wenn he ann Haben spazeer un seeg as int Holt op de Mas-
ten.
Malins, een vun de Schep, opputzt mit Flaggen un Wimpeln,
Ging ok westen hinut, un de Vader mit na't Ostinje.
Wa de Flaggen ni weihn! un wa de Segeln ni blinkern!
Klockenspill klung em dermank – doch den Vader seeg he
nich wedder.

Wenn he dat langsam vertell, sin Dütsch mit en hollandsche
Utsprak,
Seet sin urole Moder un weeg den Kopp as in Twifel:
Ob dat so weer inne Welt, un ob de Gedanken ni drogen?
Ob he nich wedderkam kunn, un se seet hier blot um to tö-
ben?
Un, as warn se dar sęker, so söchen ęr bistrigen Ogen,
Blöd un bleek as se weern, un föhln dat wul mehr as se seegen
Ünner de sülwrigen Haar un de Klappen vun Gold anne Müt-
zen:
Bet se dat funn, anne Wand, en Bild, in Rahm, un in Öl malt.
Daran haken se fast, wenn Kopp un Gedanken ęr bęwern,
Keken un weken nich af, wa lang ęr Sæhn ok vertelln dę.
Düster seeg dar en Og, wenn man neger ging un betrach dat,
Ünner en Hot mit en Fedder mit spanschen Bart un en Zwi-
ckel,
Un wenn man't länger betrach, so weer't as war dat lebennig,
Keem herut ute Wand, en Mann, so schön he man wussen,
Stolt as man em man süht, in spanschen Mantel un Kragen.
Un wenn de Olsche dat seeg, so sä se: so is he, so weer he,
So hett Jan Steen mi em malt, as he wegging na de Ostinje!
Vele Gedanken de gungn denn wul mit, un annere Biller
Keem in ęr lębndig to höch, dat se seet as sülben en Bildnis.

Öfter keem denn ok Baas æwer Enn, beseeg un bewisch dat,
Schop un hung dat torecht lik hoch mit sin annern Schülrats-
en,
Meistens verrökert un old, doch lustig Tüs mit dartwischen,
Lüd bi Drinken un Danz – de nöm he all na de Malers,
So as Jan Steen un Jan Been – un sä denn wul mal in Gedan-
ken:
Ja. as ob he der lęv! De Ogen de kann ik noch denken!
Un wenn ik recht deran denk, – doch jüs as weert min Jehan-
nes,
Blot de Backen to small, un sin Haar un Bart sünd wul heller.
–
Wa sik dat geit inne Welt! Min Vader is gan un is bleben,
Föhr Gott den Sæhn mi torügg! – So bę he vær sik an den

Sünndag.

Awer wa anners! Wat kumt dar langs den Stig dær dat Gröne?
Ok en Baas? un so wild? – En Mäden as gung se op Feddern!
Hellbrun Haar ummen Kopp – un so ute Kark mit en Lachen!
Spitz de süht ẹr vun Feern, un bellt un springt ẹrentgegen,
Darmit jachdert se hẹr un kumt verpust inne Husdær.
Lẹb'ndig ward dat nu binn, wo't eben noch karkenstill
hẹrging,
As gingn Gedanken dar rum un de Minschen lepen hasöcken.
Baas besüht as en Tulk ẹr frischen Ogen un Backen,
Un Grotmoder de seggt, de se küßt un fichelt inn Læhnstohl:
Och, de Jugend is moj! un strakt er æwer de Lucken.

Dat weern Anna ẹrFrünn! as Unlik öfter sik antreckt,
Hier ẹr Hart as to Hus un vertrut sit Kinnergedenken. –
Unlik weern al de Moders un ok al tohop as twee Süstern,
Spẹlkamraden vun fröh un Maten to Schol un to Karken,
Nu ok beide dahin, wo keen Wedderkam is un keen Antwort.
Junk ging Neta ẹr fort, as en Blom so blöh se un swunn se,
Anna harr ẹr so kennt, do se oft mit Moder hendalging,
Geern Fru Meddern besöch, de lustige, nößen alleen ok.
De bleek domals ẹr Linn um de Mæhl rund um oppe Grasen.
Sünnschin leeg æwert Feld, wenn dat Kind den Fotstig
hendalging,
Linglankut mank de Blöm, de gẹlen un blauen un roden,
Wit, as ging't ut de Welt, as ging't bet ran annen Himmel,
Ran anne wittblaue Luft, Een kunn wul grẹsen un grusen,
Wenn man de Finstern ni seeg, – un de Dær in Schatten stunn
apen, –
Un en witt Platen keem rut, – un en Stimm reep tröstlich:
Kumm Anna!
Och wat en fründlige Stimm! All Angst vergung! vær't Verbis-
tern,
Vær de Lucht, un dat Licht, un dat Grön, un dat dat so wit
weer!
All de Angst vær de Mæhl, un de Roden ẹrn schreckligen
Schatten,
De in de Koppel rum langn, as kunn se mal fürchterli drapen.

Spitz keem, de witte værut, achterhęr de Spęlkameraden,
Jan un Jannette, de weern't, un Meddersche küß unse Anna.
Denn ging't munter ant Spill. Bi't Bleken mussen se hölpen!
Egentlich dę dat de Sünn – doch Meddersche muß dat begeten!
Water keem ut de Eer – doch Meddersche muß dat eerst
pumpen!
Och, un wa köhli dat weer! un de Geetkann brus' as en Ręgen
Stręmel bi Stręmel entlank – twischenin op dat Gröne dar
gingn se.
Warum se starben harr mußt? Gosche Baas sa jümmer: se wuß
nich!
Se wuß gar ni warum! – Doch Kinner vergęt un verspęlt dat.
Weer't ok anners as sunst, bald weern se ęben so fröhlich.
Wenn se nu spęlen, in Stuv, denn Grotmoder kunn ni mit
buten,
Hörn se dat Dræhn vunne Mæhl, de Hamers gan un de Stampers,
Dat dat bęwer int Hus, un de Finsterrahms jedesmals zittern.
Dat weer gruli un schön! tomal vær Licht inne Schummern,
Wo denn Gosche ni sprok un oftmals trurig un still weer.
Ja, dat weer herrlich un schön! oppen Schibenwall weer dat as
nargens!

Kinner de waßt un ward grot, Jehannes schot op as en Pappel,
Heel en absunnerli Jung, mit egen Grappen un Infäll!
Meistens spęl he vær sik, bu' Schęp un timmer un klüter,
Oft in Iwer un Sweet un argerli, wenn dat ni gan wul.
Sunst en prächti Gemöth, un jümmer mit Anna sik enig.
Ęr vertell he denn wul, un rę sik rik oder værnęhm:
Schępen wull he mal bu'n, as de Mæhl so grot un noch gröter,
Sęgeln darmit, so wit, as Grotvader Baas, un noch wider,
Awer wedderkam wul he in jüs son Mantel un Kragen
Mit so'n Fedder ann Hot, as en Prinz, un Anna denn mit
nęhm.
– Un denn betrachten se beid den Mann mit den Bart un den
Zwickel. –

Gar as nu Jan ok noch mahl – toeerst mit Krid an de Dæren,

Nößen mit Pinseln un Tusch – bewunner uns Anna em gänz-
lich,
Löv ok, he war as Jan Steen en groten Maler in Holland,
As he do jümmer vertell un beschrev ẹr, wa dat dar schön
weer.
Anna bewahr noch en Bild, dat weer en Adam un Eva
Ünner en grasgrönen Bom mit Appeln, wat he ẹr schenkt harr.
Darmit keem he bi Lampe, un kreeg dat ut en Papier rut,
Wichtig, as he so weer, un Meister de lach un vertörn em.
Do weer dat Schönste verbi, ol Lampe kunn em ni liden,
All dat baasen Geslech dat weer em, sä he, to jannig:
Jan un Jehann un Jannette, un Holland un noch enmal Hol-
land,
Nẹ, dat weer em to vẹl! un de Jung war en Narr, so meen
Vader.

Harr he wul Recht? As dat keem, so muß man't leider wul
denken.
Och! un he weer doch so gut! un weer so geschickt un so
prächtig!
As en Pappel opschütt, so wuß he, un röthlich de Backen.
Un wa se lævten em, All! de Lehrer un all sin Kamraden!
Æwermödig – ja wul – un nich jüs vær Allens to bruken –
Schriwer kunn he nich spẹln un Verwalter op de ol Ölmæhl –
Awer brav un geschickt! un wa bẹ nich sin Herr em to bliben!
Doch, dat weer em to enk! Un he ging heropper na Hamborg,
Ging herin na de Welt – na Holland oder Ostinjen –
Weg weer he gan – un Lampe de sä: de keem ok nich wedder!

VIII.
Abend.

Wenn der en Wagen hin fahrt, vun 'n Weg af, æwer de Hei-
loh,
Rut na'n Dörpen anto – kum dat he mal sehn un bemarkt
ward –
Drückt he doch lisen en Spor, int Sand, inne Heid, inne
Grasnarf;
Sülsten en Schipp inne See, sogar mank Wellen un Waggen
Treckt der sin Weg inne Floth, de lang noch glinstert un
nablinkt.
So inne Seel de Gedanken, – un ob se ok gat as de Wulken,
Ob se as Nęwel hin treckt, oder swęvt as Duben int Blaue:
Lisen treckt se en Spor, un enige deper un heller
Merrn – as dær Heid un de Floth – dær Nacht un den Drom
un dat Denken,
Dat se der gat as vun süllst, hinilt as wink der en Hand se,
Stigt as de Schatten to Höch un wandelt sik um as de Rok
deit.

– – –

Anna harr ęr lütt Stuv nan baben rut gegen den Linnbom.
Langsam gung se to Bett, to möd ton Waken un Slapen.
Denken kunn se nich mehr, se wuß ni vun recht oder un-
recht.
Dump, as en Dak æwer't Moor, so drück ęr't den Kopp un
den Bossen.
Jümmer keem ęr en Wort, as flog ęr dat hin wo dat Hart sleit:
»He kumt ni wedder! meen Vatter,« un drop ęr as slog ęr
Gewęten.
Denken kunn se dat nich, un hör dat blot hęr in Gedanken,
Dach ok gar nix derbi un węder an Fründ noch an Vetter.
Awer an Vader dar dach se, un dat he mal old war un stukli;
Wa he so gut weer, dat dach se, un all sin Wör de he seggt
harr:

Raden kunn he ęr nich, harr he seggt, dat weer en Gewęten!
Dat muß man föhln, as den Globen, – en Annereen kunn dar
nich hölpen.
Glück weer en wunnerli Ding! Dat gev en Art Glück as de
Quitschen,
As man dat drück oder quäl, je lustiger grön dat un wel dat,
Dat weer dat Glück wat Een *folg*, wenn man dägli anheel un
oppaß,
Dar weer nix Sunnerligs in, dat weer as Verstand in den
Minschen.
Awer dat gev ok en Glück wat Een *söch:* dat weer as en Lil-
gen!
Dar muß man lüstern un lurn! dat *keem*, un so licht denn nich
wedder!

Allens, harr he man hört – un Grotvader Kleen löp der ok an
–
Allens, wat der en Lęben, dat harr mal en Tid de de Blöth
weer,
Süllst dat Metall inne Eer – un he seeg mal in Frankrik en
Blibom –
Ok de allmächtige See, un in Söd un Diken dat Water:
So dat *Geblöt* inne Bost! – denn de Minsch weer nich slechter
un bęter,
Weer as en Lilgen opt Feld – un eenmal blöh em sin Glück
ok . . .

»Awer nich wedder!« dat Wort! dar trocken de Schatten un
Wulken
Jümmer as reep se dat hin, un warn to Gestalten un Biller,
Klar, as seeg se dat Oog, un dat Hart dat hör se lebennig,
As man de Vageln wul hört, bi Nacht, se ropt uten Hęben,
Ilig, wit æwer weg, un man folgt se, dar- oder darhin:
So, as en Ton de der geit, gingn Anna ęr Sinn un Gedanken.
Dämmerig æwer en Feld hin gingn se as spörn se en Wagen,
Æwer de dämmrige See, dær de Waggen, jümmer en Schipp
na,
Æwer den Karkhof hin na en Graff, wo se Moder begraben –
Och, un denn keemn se torügg as de Tüten bi Wedder un
Stormwind,

Ilig, wit æwer weg, un se repen: Nich wedder, nich wedder!

Ja, wul weer dat dar schön, langs den Weg rut æwer de Hei-
loh!

Fahr man dar Abends herut, un bög vun de rasslige Lands-
trat,

– Achter Een all dat Getös' vun den Ort, vun Minschen un
Arbeit –:

Weer dat as fahr man to Rau, den Abend un Fręden entge-
gen.

Um Een leeg dat dar brun, un vær Een dämmer dat Holt op,

Awer allmähli, torügg, wenn man umseeg, gegen de Kim-
ming,

Sacken de Mæhlen un Thorn mit den Ort, as gingn se dar
ünner.

Och, un dat Hart war so still, as weeg sik dat in op den Wa-
gen,

Un so licht fahr man hin, man föhl recht, wa dat bequem
ging:

Æwer de Krüder un Blöm, æwert Gras, mank Strünken un
Büscher.

Fleerlinken flogen noch op, oder Vageln sungn sik to Nesten,

Oder en Has' sprung derhin, un Peter de knall mit de Pit-
schen

Dat ok de Brun sik verfehrn, hier, wo se sunst lepen na Wil-
len.

Nößen de sannige Weg, so lisen as ging dat op Küssens!

Nich mal en Rad weer to hörn, vun de flinken Bleßten keen
Fottritt,

Blot dat Leddertüg jank, un se prußten un spitzen de Ohren,

Denn se rüken de Krüpp, sä Peter, un gieren na Grasung.

Rascher ging dat denn fort, mank Hecken un Knicken vun
Hasseln,

Ging an de Koppeln verbi, wo't bald heet: sieh, dat is unse!

Hier hebbt wi Roggen un Gast! un hier hebbt wi Arfen un
Wiken!

Dar steit uns Törf oppen Moor! un dit is uns Wisch vær dat
Junkveh!

Denn keem der enzelt en Kath, vær Dær en ol Fru, oder Kin-

ner,
Endlich, breet op en Hof mit Böm as Karkengewülben,
Still, un vær sik alleen, warm-köhlig ünner en Strohdack
Keem der, achter de Port, wo de Brun rinflogen un stampen,
Dat dat man schall op de Steen, un de Hofhund jammer vær
Freiden –
Keem der en Hus to Gesicht, un dat heet: Lütt Anna, dar
sünd wi!
Ja, wul weer dat dar schön! un Verstand regeer dar un
Frẹden!
Morgens dar opstan, fröh, un ræwersehn, ünner de Böm
weg,
Æwer de Sol int Reet, mit de Gös' un Aanten un Küken,
Na de Koppel schreegan, wo de Köh al gungn in de Andau
Hoch anne Kneen int Gras, un seggn künn: dat is din Egen!
Dat is din egen, dat Holt, wieder rop, wo de Sünn jüs heran-
spẹlt
As weer dat Parlen un Gold, – un de Grashof dal in den
Nẹwel! . . .
Ja, dat weer wul en Glück! Un gar mit Vader de old ward!
Em hier krupen to sehn, un klütern, un püsseln, un snacken!
. .
So, as en Licht wat der blitzt, un de ganze Gegend in Gold
sett:
Æwerall Glanz un de Pracht, mit eenmal, as mit en Wunner,
Ging dat an Anna ẹr Seel mit all de Gedanken væræwer.
Doch as en Schatten nahẹr, as en Wulk, as en bleek kolen
Nẹwel
Deck dat sik dich achter to, und dat reep in ẹr: Nümmer un
nümmer!
»Laß dich nicht lüsten des Guts! de Lev un dat Glück is wat
Anners!«

Denn mit den Wandel de keem, as gung dat int Spegel
væræwer,
Sieh! dar wanner en Mann, inne Fremm, alleen un verlaten,
Fröhlich awer un junk, wit apen de Bost un de Ogen . . .
Drog he sik as en Matros? as en Maler? oder en Spanjer?
Lichtfarrig stunn em de Hot op de dichten hellbrunen Lu-

cken,
Lichtfarrig stunn em de Gang, un de Mund weer heiter un
ehrlich . . .
Ja, wenn *he* wedder kam' dę! Un keem he ok nich as en Prin-
zen,
Keem he ok jüs as he ging, un wull he ęr haln oder bliben –:
Mit em kunn se wul gan, vær em entbęhren un liden,
Wahn mit em in en Hütt, un arbeidn noch vær de Öllern,
Glücklich maken un sin, dat kunn se: *Denn Gęben ist sęlig!*
So harr Moder mal dacht, un Vader de dach so nich minner!
So föhl se ruhig in sik un föhl: so weer dat dat Rechte.
Wat denn keem inne Welt: Gott Vader muß dat dana lenken!
–

Darmit fohl se de Hann, dat Kind, op den sneewitten Bossen,
Half ut Tüg seet se dar, dat Haar noch los um de Schullern,
Ehrbar doch, un so schu, un jümmer drępli un sauber.

Awer all wat en Hart bewęgt in Freiden un Leiden,
Glöh ęr uten Gesicht mit de deepblauen Ogen nan Baben,
Un æwer Welten hinut, æwer Kul un Graff un dat Lęben
Drog ęr't lisen herop, un ęr Hart war ruhig un sęker.

IX.
Morgen.

Wa en Morgen kann lachen! na düstre Nacht inne Welt
rin,
Dær de Gardin inne Stuv, dær de Ogen int Hart un den
Bossen!
Lat eerst weck he uns Anna mit Vagelgesnack uten Linn-
bom.
Buten schin al de Sünn, un binn dat Hus weer al munter,
Vader weer ok al to Gang' un keem ęr so fründli entgegen
Recht mit en Sünndagsgesicht, un beseeg ęr æwer de Brill
weg
Al langs de Treppen hindal, un begröt ęr mit sin Gunmor-
gen,
Dat ęr dat innerlich smö un ęr warm un sęlig hendær-
trock.
Ja, en Morgen kann lachen! langs Dær un Dęlen int Hus
rin!
Weckt de Vageln inn Bom, un weckt de Blöm inne Bläder,
Richt se fröhlich to höch den Kopp as he lustig værbigeit,
Weckt de Freid inne Bost un wischt de Sorg uten Ogen.
Wo dar Minschenvolk hus't, beschint be se Gęweln un
Arkners,
All de lütt Huken un Eck un wat sik verkruppt inne Win-
keln,
Kümmerli Hüschen un Hüs', tobraken Luken un Löcker,
Maas un Pann oppet Dack, achter bliern Finstern de
Blompütt;
Schint in jede lütt Kæk, op jede lütt Kram in en Warkstęd,
Op en todrückte arm Seel, en tobraken Hart oder Lęben,
Op en ol fröhlich Gemöth achter Brilln un anblindte Ogen.
Gar nu en Kinnergesicht dat strakelt he æwer mit Fie-
cheln,
Un vun allen wat lęvt, dat dankt em mit Lachen am bes-
ten.

Kinner weern der al wen to'n Besök bi Annaken Lampen,
As er de Nawerschop nöm, un Enige sän ok: Schön Anna,
Wul vun er fründli Gesicht un de fröhligen Ogen un Backen.
Kinner oft repen er an: Schön Anna, wat wullt du uns mitbringn?
Sünndags keem en paar arme, de hörn den Schoster schreegæwer.
Meister harr se vertröst: Lütt Annaken weer noch ni opstan!
Se harr je 'n Slap as en Ul! meen Vatter, na'n helligen Dag rin!
Ob er de Ogen ok roth? – Lat mal sehn? .. Dat weer ok ni nödig!
Jo sik ni sorgen un quäln! Dat weer noch jümmer erdräglich!
Denn uns Herrgott regeer! .. Dat Gewitter harr er wul opstört?
Frag he sorgli herum, dat harr je banni hendalbratscht,
Dunnert un hagelt un blitzt un regent, as gev dat en Sündfloth!
Awer uns Herrgott regeer! De Welt weer as niet wedder opstan!

Nix harr se hört oder spört! so gänzli harr't Anna verslapen!
Awer dat keem er torügg, as en Ducht Een bringt op Gedanken:
Drömt harr se deep innen Slap vun en Storm un Leih'n un Lüchten,
Awer dat weer as en Krieg un de ganze Schibenwall blödig.
Gruli fuchteln de Roden, un kloppen un hamern de Stampers,
Bald in Il un mit Macht, un bald as weih dat de Wind weg,
Dat se lur op den Ton as stock er dat Hart inne Angsten.
Awer dat Licht wat der schin, eensam, en Steern mank de Wulken,
Jümmer verdeckt vun de Roden keem wedder jümmer un

wedder,
War to en Głęm un en Glanz un en Pracht, dat de Hęben
hinopschin,
Un as se opwaken dę, do schin ęr de Sünn inne Kamer.
So keem't ęr wedder to Sinn, as Vader vertell vunt Gewit-
ter,
Denn dær Kamer un Kæk un de Dęl entlank mit er
hinklæn: –
Ok al Besök weer der węn, vun de Ölmæhl, Baasen Jan-
nette . . .
Och, un ol Detelf weer binn, de Bäckergesell utet Wark-
hus,
Lur op sin Sünndags Taß Kaffe! – un Nawer harr ok al mal
rum kikt!
Recht as en Fierdag weer't! Wer much uns Herrgott ni
danken?
Danken vær all wat man hett! dat man levt, un dat Lęben
so schön is!
»Nę, wa is dat to löben, seggt Detelf: man kunn en mal old
warrn,
Wenn man so'n Ogen ansüht, so'n Tähn, un de Kuln inne
Backen!
Och, un dat Öller is slecht, min Annaken, dat is so
eensam!«
Gar nu in dat grot Hus, vertell he, dat weer jüs ni häßli,
Lang ni so slimm as he dach, man blot mit de ewige
Minschheit!
Dat weer noch mehr as alleen! un nich en mal hörn, wat se
sproken!
So vertell he sin Noth, vertęhr awer hægli sin Kaffe,
Brot un frisch Stuten darto, un pissel, as weern dat Ge-
heemnis:
Nę, wa dat is oppen Öller, du lövst ni, seggt he, min Anna!
Rein, man is so alleen, man vergitt sik sülbn as man hęr-
sitt!
Sieh, dar steit nu min Stock, nu weet ik't je, wenn ik em
anseeg,

Awer ik seeg ok ni weg, so kann he der gan oder bliben,
Ik weet em nix mehr dervan, nicht oft vun min liflichen
Fingern,
Dat mi de Taß kann der falln un ik seeg achterna mit en
Wunnern.
Rein Een lopt de Gedanken, un gar ni as bi sik to bliben,
Jümmer as glik vun di af, sünd jümmer mank annere Ti-
den,
Jümmer mit de der al dot un all wat der weer as man junk
weer.
Un nich mal gut un vernünftig, min Anna, as du di wul
inbildst,
Thöricht sünd se as je, jüs de Dorheit freit Een opt Öller!
All de oln Streichen vun do dar hangt se sik an as de Kli-
ben,
De makt man all noch mal dær, un redi ahn en Gewęten,
(Un de ol Detelf de lach, as lach he na Jungens ęr Knępen):
Recht wo de dummsten Een lücken dar freit man sik noch
uten Harten!
Darbi so kikt man denn rum, un kennt ni sin Stock noch
sin Köppelsch,«
Seggt he, gar hartli vergnögt, un söch inne Dörnsch mit de
Ogen,
»Kum mal sin Kopp ünnern Hot!« de Anna em reck un em
opsett.
»Nu inne Been, min Gedanken, so seggt he, un lat mi ni
snübbeln!«

Awer denn, as he so stunn, un Anna em hölp to sin Hand-
stock,
Recht as en Wanderer steit oppe letzte Statschon vært
Tohuskam',
Möd awer noch mal erquickt, tofręden dat't bald nu to
Enn is,
Seggt he, un strak ęr de Back, ehrwürdig, en Man in sin
Demoth:
Frei di, dat du noch junk büst, dat ward di noch frein op-
pet Öller!
Mitnęhm' kann man je nix as den Globen: dat Allens so

gut is,
Blot de Erinnerung blifft, wo man Lev hett kręgen un
gęben.
Darmit dank ik ok schön! – Un ik hæg mi noch æwer den
Sünnschin,
Seggt he, un kræpel hinut, wedder eensam mit sin Gedan-
ken.

Anna weer week darbi warn, fast keem' ęr de Thran inne
Ogen,
As se em naseg de Ol un dach: das dat Enn vun en
Lęben!
Fröhlich weer sunsten ęr Wis'; bedrövt weer se ok nich un
trurig,
Awer, as oft inne Kark, wo dat allens Een röhrt mit en
Wehmoth:
Fierlich weer ęr to Sinn, un de Welt un dat Lęben so nixig,
Gar as dat Sorgen ni weerth, un dochen so schön um to
lęben!
Wa nich de Sünnschin der glänz! un de Klocken fungn jüs
an to beiern.
Lüden de Fröhprędigt ut, æwern Ort hin klungn se an-
dächtig,
All wat man leef harr repen se op, as repen se Namen,
Repen as locken se söt un trocken Een lisen na'n Hęben.

Vader bemark dat ganz gut, he küß ęr blid op de Ogen,
As he wul enzel mal dę, un bög ęr den Kopp an sin Schul-
ler.
Trösten verstunn he ni recht, sin Trost weer en Spaß oder
Arbeit.
Awer behęgli to węn dat kunn he as en ol Wartsfru:
Anna schull ęten, un drinken, sik antehn smuck, un schull
utgahn!
Awer man seeg em dat an, he harr noch wat sülbn oppen
Harten:
Ok al Besök weer der węn, vertell he noch mal, vun uns
Nawer,
Un vunne Schibenwallsmæhl, fröhmorgens, Baasen Jan-

nette.

Grotmoder Baasen weer slecht un wull noch geern Anna
mal spręken –

Jüs in den Ogenblick nich, un nich jüs gänzli gefährli!

Sett he der ili hinto, as he seeg, wa Anna dat opschreck.

Se weer je öfter mal leeg . . . ol Lüd de keemn sik wul
wedder . . .

Junge Lüd störmn der op los . . . be wull mit ęr süllsten
hinünner . . .

Paß em jüs frilich ni recht . . . un tonößen wulln se mal
utgan . . .

Mal na den Tegelhof rut, na de Schanz oder bet annen
Krattbusch . . .

Luft un Wedder weer schön, son Sünndag muß man gene-
ten! . .

Anna harr awer keen Ruh un lenng na Grotmoder Baasen,
Lenng Jannette to sehn; – un so wannern de Beiden denn
ruter;

Vader in Sünndagskledasch', de oft in Węken ni ankeem,

Seet em en bęten wat enk, un de Hot weer em gar ni be-
quemli,

Oft harr he den inne Hand un rev sik den grisligen Haar-
pull,

Fremde Lüd muchen wul denken, de Kopp weer em hitt
un verdreetli.

Awer hier gev dat keen fremde, de Gastwurth lank, na
den Fotstig:

All de se dropen de gröten un harrn noch en Wort to'n
Gunmorgen. –

Grön weer de Schibenwallskoppel na all dat Gewitter un
Ręgen. –

Dar gingn de Beiden entlank. – De Ölmæhl stunn inne
Scheeren,

As inne Prędigt de Bruk, un fierli still weer de Gegend. –

Lankhin streckt sik de Spikers, de groten Dæren weern
slaten,

Blot in den Schatten de Dær na Baas sin Hüsen weer apen.

–

Spitz keem fründli herut. Dar rük dat na Öl as man
rinkeem. –
Dar weer't still as en Dod, un Anna de kreeg al en Schre-
cken. –
Lisen gingn se in Stuv, wo dat dunst na Hoffmannsche
Drapens.
Lisen hörn se en Stimm: Baas lęs' ut en hollandsch Gebęt-
bok.
Værnęhm klung dat un fremd, se hörn em: Heere van
Hemel!
All wat se dærmakt harr an Noth und Dod mir ęr Moder
Keem de arm Anna do op! doch glik ok de Kraft un de
Tröstung.

Grotmoder Baasen seet dar in en groten oldmodschen
Læhnstohl,
Week in Küssens verpackt, oprecht as weer se ant
Spręken,
Awer de Dod um den Mund un dat Lęben man blot inne
Ogen,
Half man weer se mehr hier un verkehr al mit fremde
Gestalten.
Anna flog op ęr to un fat ęr de mageren Fingern.
Anna, min Kind, seggt se do, süh, wullst du mi ok noch
Ade seggn?
Sęgen di Gott denn de Heer! und gev sin'n Sęgen di rikli!
Nu he denn wedderkamn is, min Kind, so will ik mi rüs-
ten,
Gah ok geern ute Fremd', nu help mi, Heere van Hemel!«
Darbi fohl se de Hann un de Kopp sack torügg inne Küs-
sens,
Sülwern de Haar umme Steern, anne Backen de goldblan-
ken Klappen,
Fremd un smuck leeg se dar, un slot as ton Slapen de
Ogen. –

Wedder kamn? . . .
                    weer he? –ja wul! – dar stunn he, – dicht
ęr to Köppen,

As Jehann Steen ẹr em mal, – desülwe un doch ganz en
Annern –
Stunn an Anna ẹr Sit, dar weer he sachten heran gan,
Wedderkamn, jüs noch in Tid ẹr Hart un den Twifel to
lösen:
Ob se hier seet man un lur inne Fremd', un he broch er nar
Heimath.
Wedder kamn, nich as en Prinz un nich mit en Mantel un
Kragen,
Ok nich so as he ging: en Mann stunn dar, de de Welt
kenn.
Awer so apen dat Og, dat Gesicht so frisch un so ehrlich:
Wat de nich weer oder harr, de kunn dat warrn oder krie-
gen,
De harr de Kraft un de Drift, de fröhliche Lust un den
Willen.
As de Anna anseeg, un ẹr un ẹr Vader de Hand drück,
Still un stumm, as't sik paß, wo de Dod gung merren im
Lẹben:
Och, do weer't as en Steern, de wit un mählich heropt-
reckt,
Eerst as en Dämmern un Glẹm, un kum as to sehn un to
löben,
Denn as en Schimmern un Licht, un endli schint he so
tröstlich,
Dat Een de Ogen to week, un de Bost to enk vær den Ju-
bel:
Globen un Tru de stat fast, as de Steern man stat an den
Hẹben,
Globen un Tru hest du holn, sieh dar! nu findst du se
wedder!

Fast weer Anna beswö't, doch Freid is en mächtigen Trös-
ter:
Dar weern Arms de ẹr heeln, dar weern de Ogen de spro-
ken:
Süh! æwern Dod un dat Graff niet bu't sik de Welt un dat
Lẹben!

Über tredition

Eigenes Buch veröffentlichen

tredition wurde 2006 in Hamburg gegründet und hat seither mehrere tausend Buchtitel veröffentlicht. Autoren veröffentlichen in wenigen leichten Schritten gedruckte Bücher, e-Books und audio-Books. tredition hat das Ziel, die beste und fairste Veröffentlichungsmöglichkeit für Autoren zu bieten.

tredition wurde mit der Erkenntnis gegründet, dass nur etwa jedes 200. bei Verlagen eingereichte Manuskript veröffentlicht wird. Dabei hat jedes Buch seinen Markt, also seine Leser. tredition sorgt dafür, dass für jedes Buch die Leserschaft auch erreicht wird.

Im einzigartigen Literatur-Netzwerk von tredition bieten zahlreiche Literatur-Partner (das sind Lektoren, Übersetzer, Hörbuchsprecher und Illustratoren) ihre Dienstleistung an, um Manuskripte zu verbessern oder die Vielfalt zu erhöhen. Autoren vereinbaren direkt mit den Literatur-Partnern die Konditionen ihrer Zusammenarbeit und partizipieren gemeinsam am Erfolg des Buches.

Das gesamte Verlagsprogramm von tredition ist bei allen stationären Buchhandlungen und Online-Buchhändlern wie z. B. Amazon erhältlich. e-Books stehen bei den führenden Online-Portalen (z. B. iBookstore von Apple oder Kindle von Amazon) zum Verkauf.

Einfach leicht ein Buch veröffentlichen: **www.tredition.de**

Eigene Buchreihe oder eigenen Verlag gründen

Seit 2009 bietet tredition sein Verlagskonzept auch als sogenanntes "White-Label" an. Das bedeutet, dass andere Unternehmen, Institutionen und Personen risikofrei und unkompliziert selbst zum Herausgeber von Büchern und Buchreihen unter eigener Marke werden können. tredition übernimmt dabei das komplette Herstellungs- und Distributionsrisiko.

Zahlreiche Zeitschriften-, Zeitungs- und Buchverlage, Universitäten, Forschungseinrichtungen u.v.m. nutzen diese Dienstleistung von tredition, um unter eigener Marke ohne Risiko Bücher zu verlegen.

Alle Informationen im Internet: **www.tredition.de/fuer-verlage**

tredition wurde mit mehreren Innovationspreisen ausgezeichnet, u. a. mit dem Webfuture Award und dem Innovationspreis der Buch Digitale.

tredition ist Mitglied im Börsenverein des Deutschen Buchhandels.

Dieses Werk elektronisch lesen

Dieses Werk ist Teil der Gutenberg-DE Edition DVD. Diese enthält das komplette Archiv des Projekt Gutenberg-DE. Die DVD ist im Internet erhältlich auf **http://gutenbergshop.abc.de**

Zeitfracht Medien GmbH
Ferdinand-Jühlke-Straße 7
99095 Erfurt, Deutschland
produktsicherheit@kolibri360.de